Ich über mich

Ich heiße: ______________________

So sehe ich aus:

In Klasse 3

In Klasse 4

Ich wohne in: ______________________

Mein Geburtstag ist am: ______________________

Zuhause spreche ich folgende Sprache(n): ______________________

____

Mit meinen Freunden spreche ich: ______________________

In der Schule lerne ich diese Sprache(n): ______________ seit: ________

______________ seit: ________

______________ seit: ________

Meine Hobbys: ______________________

Mein(e) Haustier(e): ______________________

____

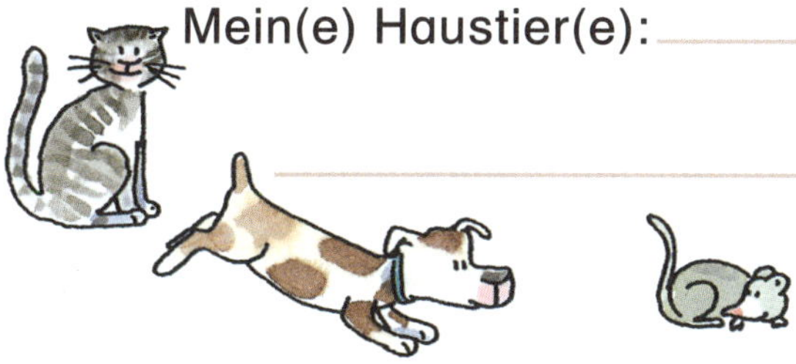

Ich und meine Sprachen

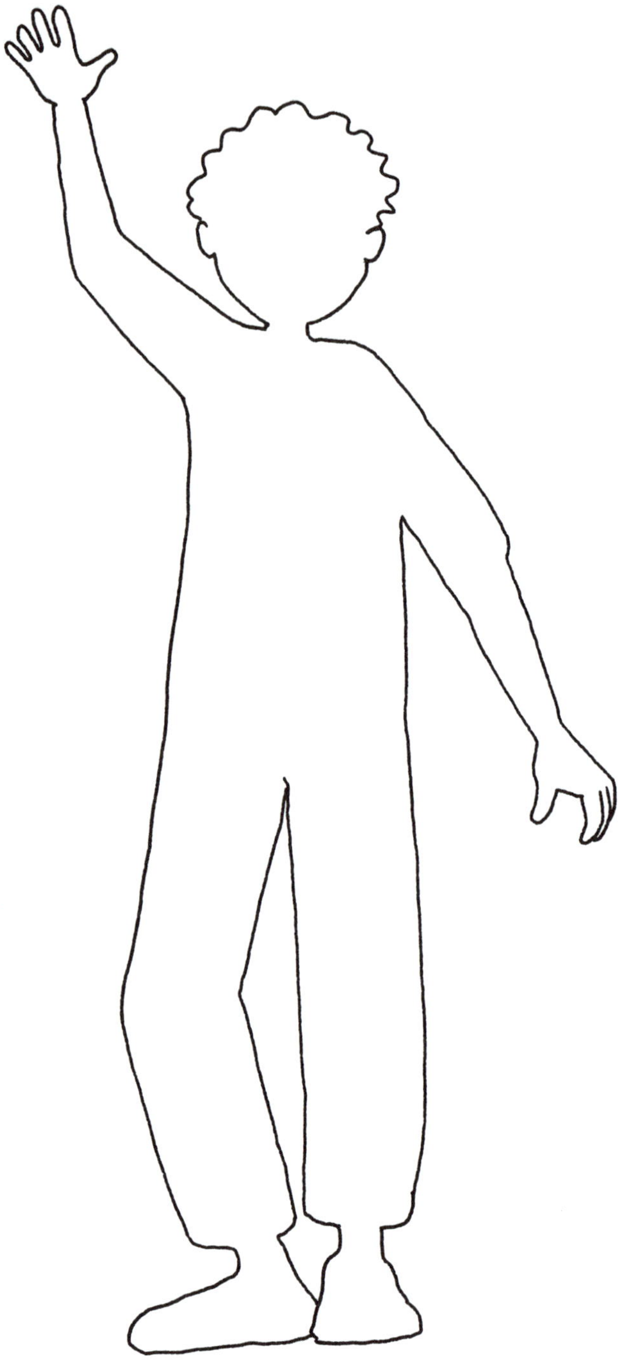

Begegnungen und Kontakte

Außerhalb der Schule, zum Beispiel in den Ferien oder im Eiscafé, habe ich schon einmal andere Sprachen gehört, nämlich:

____

Außerhalb der Schule habe ich schon einmal selbst eine fremde Sprache gesprochen, nämlich:

____

Ich kenne Kinder aus anderen Ländern durch:

Brieffreundschaft

Ja ☐ Noch nicht, ich habe aber Interesse ☐ Nein ☐

E-Mail

Ja ☐ Noch nicht, ich habe aber Interesse ☐ Nein ☐

Klassenkorrespondenz

Ja ☐ Noch nicht, ich habe aber Interesse ☐ Nein ☐

Wir hatten in unserer Klasse schon Besuch von Menschen aus anderen Ländern:

Ja ☐ Noch nicht, ich habe aber Interesse ☐ Nein ☐

Unsere Klasse hat/hatte eine Partnerschaft mit: ______________________________

____

Darüber kann ich Folgendes erzählen: ______________________________

____

____

Ich bin neugierig, noch mehr über andere Länder zu erfahren, zum Beispiel:

____

Ich bin neugierig, weil: ______________________________

____

In der Schule

Was ich schon alles in ______________ verstehen kann.

Meine Lehrerin/mein Lehrer heißt ______________________ .

Meine Lehrerin/mein Lehrer

Das kann ich gut

Das kann ich noch nicht

Das kann ich normalerweise

Das fällt mir noch schwer

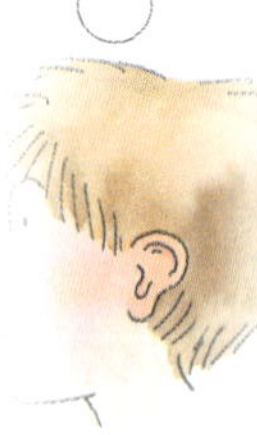

3. Klasse 2. Halbjahr	Ich kann verstehen,	4. Klasse 2. Halbjahr
◯	wenn sie/er mich begrüßt.	◯
◯	wenn ich etwas aus meinem Ranzen holen soll.	◯
◯	wenn ich etwas malen soll.	◯
◯	wenn ich etwas ausschneiden soll.	◯

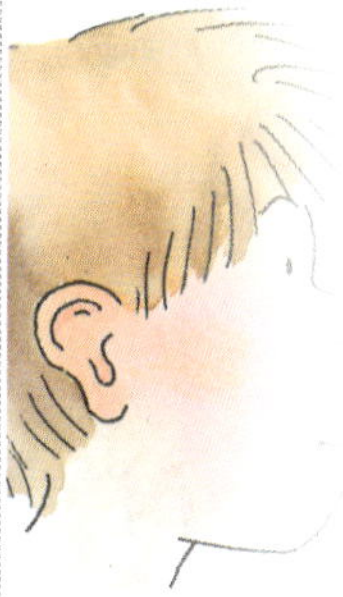

3. Klasse
2. Halbjahr

4. Klasse
2. Halbjahr

Ich kann verstehen,

wenn ich dran bin.

wenn ich aufpassen soll.

wenn ich etwas nachsprechen soll.

wenn ich jemandem etwas geben soll.

wenn ich aufräumen soll.

wenn ich gelobt werde.

wenn ich zur Tafel gehen soll.

wenn ich etwas zeigen soll.

wenn sie/er uns ein Spiel erklärt.

wenn sie/er uns eine Geschichte erzählt.

In der Schule

Was ich schon alles in ______________ sagen kann.

3. Klasse 2. Halbjahr		4. Klasse 2. Halbjahr
○	Guten Tag.	○
○	Auf Wiedersehen.	○
○	Danke schön.	○
○	Entschuldigung.	○
○	Kannst du mir bitte helfen?	○
○	Kann ich bitte das Buch haben?	○
○	Darf ich auf die Toilette gehen?	○
○	Ich bin an der Reihe.	○
○	______________________	○
○	______________________	○
○	______________________	○

Was ich sonst noch alles sagen kann

3. Klasse
2. Halbjahr

4. Klasse
2. Halbjahr

Ich kann jemanden begrüßen.

Ich kann mich verabschieden.

Ich kann mich vorstellen.

Ich kann jemanden nach seinem Namen fragen.

Ich kann jemanden nach seinem Alter fragen.

Ich kann etwas über mich erzählen.

Ich kann eine Einladung aussprechen.

Ich kann mich erkundigen, wie es jemandem geht.

Was ich alles sagen und fragen kann

Wörter, die ich in ______________________ kenne

Zahlen

Farben

Tiere

Kleidungsstücke

Essen und Trinken

und sonst ...

Das sind meine Lieblingswörter: ______________________

Wie ich meine Sprache(n) lerne

So merke ich mir Wörter: ______________________________

____

____

____

So erinnere ich mich an den Text eines Liedes: ______________________________

____

____

So merke ich mir, was ich in einem Spiel sagen muss: ______________________________

____

____

____

Wenn wir eine Geschichte erzählen sollen,

- ☐ überlege ich, was ich sagen will.
- ☐ überlege ich zuerst, wie die Geschichte anfangen soll.
- ☐ überlege ich mir erst die wichtigsten Wörter.
- ☐ denke ich an Bilder, die mich darauf bringen.

☐ ______________________________

____

Wenn ich nicht verstanden habe, was die Lehrerin/der Lehrer gesagt hat, dann

- ☐ warte ich ab, was andere tun.
- ☐ frage ich meine Mitschüler.
- ☐ habe ich keinen Mut, zu fragen.
- ☐ frage ich ______________________________

☐ ______________________________

____

Ich schaue

☐ nie ☐ manchmal ☐ oft

meinen Ordner an, weil ______________________________ .

Ich bringe auch meiner Familie oder Freunden Dinge bei, die ich im Fremdsprachenunterricht gelernt habe:

☐ nie ☐ manchmal ☐ oft

Diese Dinge bringe ich meiner Familie oder Freunden bei: ______________

____

Ich erzähle und zeige

☐ meinen Eltern ☐ Geschwistern ☐ Freunden

☐ ______________________

was ich in meinem Fremdsprachenunterricht mache:

☐ nie ☐ manchmal ☐ oft

Ich erzähle und zeige auch anderen Menschen, zum Beispiel

☐ meinen Großeltern ☐ Brieffreunden ☐ ______________

was ich im Fremdsprachenunterricht gelernt habe.

Das erzähle und zeige ich ihnen: ______________________

____

Ich singe anderen Menschen Lieder vor, die ich im Fremdsprachenunterricht gelernt habe:

☐ nie ☐ manchmal ☐ oft

Das sind meine Lieblingslieder: ______________________

____

____

____

____

Mein Zeugnis am Ende des 4. Schuljahres

Das kann ich am Ende des 4. Schuljahres in ______

besonders gut: ______

Das kann ich noch nicht so gut:

Das möchte ich im nächsten Jahr noch lernen:

Das habe ich im 3. und 4. Schuljahr am liebsten gemacht:

Unterschrift: Datum: